CUISINE BASSE TEMPERATURE

2021

RECETTES SANS EFFORT POUR TOUS LES JOURS

DANIELLE BOUCHARD

Table des matières

Ailes de poulet aigre-douce 8

Poitrines de poulet aux agrumes 10

Poulet farci aux artichauts 12

Wrap au poulet croustillant et au bacon 14

Poulet aux tomates séchées.. 15

Poulet aux légumes avec sauce soja. 17

Salade de poulet à la chinoise aux noisettes 19

Déjeuner au poulet au paprika.. 21

Ragoût de poulet au romarin 22

Poulet croustillant aux champignons 24

Plat de poulet aux herbes avec courge musquée 26

Poulet à la coriandre avec sauce au beurre d'arachide 28

Ragoût de poulet et poireaux... 30

Cuisses de poulet à la moutarde 32

Salade de poulet au fromage avec pois chiches 34

Poulet au fromage étagé 36

Poulet à la chinoise 38

Boulettes de poulet à l'origan 39

Poule de Cornouailles chargée de riz et de baies....................... 41

Poulet Roulé Chessy 43

Salade de poulet à la menthe et de pois.. 45

Poulet aux herbes avec sauce à la crème de champignons 47

poulet frit croustillant... 49

Salade De Poulet Vert Aux Amandes.. 51

3

Poulet au lait de coco 53

Plat au bacon et au poulet à la romaine 55

Salade de tomates cerises, avocat et poulet 56

Poulet Chili 58

Ailes de poulet au miel 60

Curry de poulet vert avec nouilles et nouilles 62

Mini Bouchées de Poulet au Pesto et Avocat 64

Boulettes de poulet au fromage 66

Burgers de dinde au fromage 68

Dinde farcie au bacon et aux noix enveloppée de jambon 70

Rouleaux de tortillas à la salade César avec dinde 72

Roulade de dinde à la sauge 74

Poitrine de dinde au thym 76

Burgers de boulettes de dinde au pesto 77

Poitrine de dinde aux pacanes 79

Plat de dinde aux épices 81

Dinde à la Sauce à l'Orange 82

Cuisses de dinde au thym et au romarin 84

Poitrine de dinde aux clous de girofle 86

Poitrine de dinde à l'aneth et au romarin 87

Canard Doux Rôti 88

Petits pains de canard au thym 90

Confit d'Oie Orange 92

Pâtes au fromage et au citron et aux crevettes 94

Flétan au Xérès sucré et glaçage au miso 96

Saumon croustillant avec glaçage au gingembre doux 98

Poisson aux agrumes avec sauce à la noix de coco 100

Aiglefin poché à la lime et au persil...102

Tilapia croustillant à la sauce moutarde et érable 104

Espadon à la moutarde..106

Tortillas de poisson épicé..107

Steaks de thon au basilic...109

Salade d'espadon et de pommes de terre aux olives Kalamata
....111

Ailes de poulet aigre-douce

Temps de préparation + cuisson : 2 heures 15 minutes | Portions : 2

Ingrédients

12 ailes de poulet

Sel et poivre noir au goût

1 tasse de mélange pour frites de poulet

½ tasse d'eau

½ tasse de sauce tamari

½ oignon émincé

5 gousses d'ail, hachées

2 cuillères à café de gingembre en poudre

2 cuillères à soupe de sucre roux

¼ tasse de mirin

Graines de sésame pour la garniture

Boue de fécule de maïs (mélangé 1 cuillère à soupe de fécule de maïs et 2 cuillères à soupe d'eau)

Huile d'olive pour la friture

les directions

Préparez un bain-marie et placez-y le Sous Vide. Réglez sur 147 F.

Placer les ailes de poulet dans un sac hermétique et assaisonner de sel et de poivre. Libérez l'air par la méthode de déplacement d'eau, scellez et plongez le sac dans le bain-marie. Cuire 2 heures. Une fois le chronomètre arrêté, retirez le sac. Faire chauffer une poêle avec de l'huile.

Dans un bol, mélanger 1/2 tasse de mélange pour frites et 1/2 tasse d'eau. Versez le reste du mélange à frites dans un autre bol. Tremper les ailes dans le mélange humide, puis dans le mélange sec. Faire frire pendant 1-2 minutes jusqu'à ce qu'ils soient croustillants et dorés.

Pour la sauce, faites chauffer une casserole et versez tous les ingrédients; cuire jusqu'à ce qu'il bouillonne. Incorporer les ailes. Garnir de graines de sésame et servir.

Poitrines de poulet aux agrumes

Temps de préparation + cuisson : 3 heures | Portions : 2

Ingrédients

1½ cuillère à soupe de jus d'orange fraîchement pressé

1½ cuillère à soupe de jus de citron fraîchement pressé

1½ cuillère à soupe de cassonade

1 cuillère à soupe de Pernod

1 cuillère à soupe d'huile d'olive

1 cuillère à soupe de grains entiers

1 cc de graines de céleri

Sel au goût

cc de poivre noir

2 poitrines de poulet, avec os, avec la peau

1 fenouil, paré, tranché

2 clémentines, non pelées et tranchées

Aneth haché

les directions

Préparez un bain-marie et placez-y le Sous Vide. Réglé à 146 F.

Mélanger dans un bol le jus de citron, le jus d'orange, le Pernod, l'huile d'olive, les graines de céleri, la cassonade, la moutarde, le sel et le poivre. Bien mélanger. Placer la poitrine de poulet, la clémentine tranchée et le fenouil tranché dans un sac refermable sous vide. Ajouter le mélange d'oranges. Libérez l'air par la méthode de déplacement d'eau, scellez et plongez le sac dans le bain-marie. Cuire 2 heures et 30 minutes. Une fois le chronomètre arrêté, retirez le sac et transférez le contenu dans un bol. Égoutter le poulet et mettre le jus de cuisson dans une casserole chauffée.

Cuire environ 5 minutes, jusqu'à ce qu'il bouillonne. Retirer et placer dans le poulet. Cuire 6 minutes jusqu'à coloration. Servir le poulet sur une assiette et napper de sauce. Garnir d'aneth et de feuilles de fenouil.

Poulet farci aux artichauts

Temps de préparation + cuisson : 3 heures 15 minutes | Portions : 6

Ingrédients:

2 livres de filets de poitrine de poulet, coupe papillon

½ tasse de pousses d'épinards hachées

8 gousses d'ail écrasées

10 coeurs d'artichauts

Sel et poivre blanc au goût

4 cuillères à soupe d'huile d'olive

Les directions:

Mélanger l'artichaut, le poivre et l'ail dans un robot culinaire. Mélanger jusqu'à ce que complètement lisse. Pulser à nouveau et ajouter progressivement l'huile jusqu'à ce qu'elle soit bien incorporée.

Farcir chaque poitrine avec des quantités égales de mélange d'artichauts et de pousses d'épinards hachées. Repliez le filet de poitrine et fixez le bord avec une brochette en bois. Assaisonner avec du sel et du poivre blanc et transférer dans des sacs séparés sous vide. Fermez les sacs et faites cuire en Sous Vide pendant 3 heures à 149 F.

Wrap au poulet croustillant et au bacon

Temps de préparation + cuisson : 3 heures 15 minutes | Portions : 2

Ingrédients

1 poitrine de poulet

2 lanières de pancetta

2 cuillères à soupe de moutarde de Dijon

1 cuillère à soupe de Pecorino Romano râpé

les directions

Préparez un bain-marie et placez-y le Sous Vide. Réglez sur 146 F. Combinez le poulet avec du sel. Marinade à la moutarde de Dijon des deux côtés. Garnir de fromage Pecorino Romano et envelopper la pancetta autour du poulet.

Placer dans un sac refermable sous vide. Libérez l'air par la méthode de déplacement d'eau, scellez et plongez le sac dans le bain-marie. Cuire pendant 3 heures. Une fois le chronomètre arrêté, retirez le poulet et séchez-le. Chauffer une poêle à feu moyen et saisir jusqu'à ce qu'elle soit croustillante.

Poulet aux tomates séchées

Temps de préparation + cuisson : 1 heure 15 minutes | Portions : 3

Ingrédients:

1 livre de poitrines de poulet, sans peau et sans os

½ tasse de tomates séchées au soleil

1 cuillère à café de miel brut

2 cuillères à soupe de jus de citron frais

1 cuillère à soupe de menthe fraîche, hachée finement

1 cuillère à soupe d'échalotes hachées

1 cuillère à soupe d'huile d'olive

Sel et poivre noir au goût

Les directions:

Rincez les poitrines de poulet sous l'eau froide et séchez-les avec un essuie-tout. Mettre de côté.

Dans un bol moyen, mélanger le jus de citron, le miel, la menthe, les échalotes, l'huile d'olive, le sel et le poivre. Mélanger jusqu'à ce qu'il soit bien incorporé. Ajouter les poitrines de poulet et les tomates séchées. Agiter pour bien enrober le tout. Transférez le tout dans un grand sac scellable sous vide. Appuyez sur le sac pour éliminer l'air et scellez le couvercle. Cuire en Sous Vide pendant 1 heure à 167 F. Retirer du bain-marie et servir immédiatement.

Poulet aux légumes avec sauce soja.

Temps de préparation + cuisson : 6 heures 25 minutes | Portions : 4

Ingrédients

1 poulet entier avec os, ficelé

1 litre de bouillon de poulet à faible teneur en sodium

2 cuillères à soupe de sauce soja

5 brins de sauge fraîche

2 feuilles de laurier séchées

2 tasses de carottes tranchées

2 tasses de céleri tranché

½ once de champignons séchés

3 cuillères à soupe de beurre

les directions

Préparez un bain-marie et placez-y le Sous Vide. Réglez sur 149 F.

Mélanger la sauce soja, le bouillon de poulet, les herbes, les légumes et le poulet. Placer dans un sac refermable sous vide. Libérez l'air par la méthode de déplacement d'eau, scellez et plongez le sac dans le bain-marie. Cuire 6 heures.

Une fois le chronomètre arrêté, retirez le poulet et égouttez les légumes. Sécher avec une plaque à pâtisserie. Assaisonner avec de l'huile d'olive, du sel et du poivre. Chauffer le four à 450 F. et rôtir pendant 10 minutes. Dans une casserole, mélanger le jus de cuisson. Retirer du feu et mélanger avec le beurre. Trancher le poulet sans la peau et assaisonner de sel kasher et de poivre noir moulu. Servir dans un plat. Garnir de sauce.

Salade de poulet à la chinoise aux noisettes

Temps de préparation + cuisson : 1 heure 50 minutes | Portions : 4

Ingrédients

4 grosses poitrines de poulet sans peau et sans os

Sel et poivre noir au goût

¼ tasse de miel

¼ tasse de sauce soja

3 cuillères à soupe de beurre de cacahuète, fondu

3 cuillères à soupe d'huile de sésame

2 cuillères à soupe d'huile végétale

4 cuillères à café de vinaigre

½ cuillère à café de paprika fumé

1 tête de laitue iceberg, déchirée

3 oignons verts, hachés

¼ tasse de noisettes effilées, grillées

¼ tasse de graines de sésame, grillées

2 tasses de lanières de wonton

les directions

Préparez un bain-marie et placez-y le Sous Vide. Réglez sur 152 F.

Mélangez le poulet avec du sel et du poivre et placez-le dans un sac refermable sous vide. Libérez l'air par la méthode de déplacement d'eau, scellez et plongez le sac dans le bain-marie. Cuire pendant 90 minutes.

Pendant ce temps, mélanger le miel, la sauce soja, le beurre d'arachide, l'huile de sésame, l'huile végétale, le vinaigre et le paprika. Remuer jusqu'à consistance lisse. Laisser refroidir au réfrigérateur.

Une fois le chronomètre arrêté, retirez le poulet et séchez-le avec un torchon. Jeter les jus de cuisson. Coupez le poulet en fines tranches et transférez-le dans un saladier. Ajouter la laitue, les oignons verts et les noisettes. Garnir avec la vinaigrette. Garnir de graines de sésame et de lanières de won ton.

Déjeuner au poulet au paprika

Temps de préparation + cuisson : 1 heure 15 minutes | Portions : 2

Ingrédients

1 poitrine de poulet désossée, coupée en deux

Sel et poivre noir au goût

Poivre à goûter

1 cuillère à soupe de paprika

1 cuillère à soupe d'ail en poudre

les directions

Préparez un bain-marie et placez-y le Sous Vide. Réglez à 149 F. Égouttez le poulet et séchez-le avec une plaque à pâtisserie. Assaisonner avec de la poudre d'ail, du paprika, du poivre et du sel. Placer dans un sac refermable sous vide. Libérez l'air par la méthode de déplacement d'eau, scellez et plongez dans le bain-marie. Cuire 1 heure. Une fois le chronomètre arrêté, retirez le poulet et servez.

Ragoût de poulet au romarin

Temps de préparation + cuisson : 4 heures 15 minutes | Portions : 2

Ingrédients

2 cuisses de poulet

6 gousses d'ail, écrasées

cuillère à café de poivre noir entier

2 feuilles de laurier

¼ tasse de sauce soja noire

¼ tasse de vinaigre blanc

1 cuillère à soupe de romarin

les directions

Préparez un bain-marie et placez-y le Sous Vide. Réglez à 165 F. Combinez les cuisses de poulet avec tous les ingrédients. Placer dans un sac refermable sous vide. Libérer l'air par la méthode de déplacement d'eau, sceller et plonger dans un bain-marie. Cuire 4 heures.

Une fois le minuteur arrêté, retirez le poulet, jetez les feuilles de laurier et réservez le jus de cuisson. Chauffer l'huile de canola dans une poêle à feu moyen et saisir le poulet. Ajouter le jus de cuisson et cuire jusqu'à obtention de la consistance désirée. Filtrer la sauce et garnir le poulet.

Poulet croustillant aux champignons

Temps de préparation + cuisson : 1 heure 15 minutes | Portions : 4

Ingrédients

4 poitrines de poulet désossées

1 tasse de chapelure panko

1 livre de champignons portobello tranchés

Petit bouquet de thym

2 oeufs

Sel et poivre noir au goût

Huile de canola au goût

les directions

Préparez un bain-marie et placez-y le Sous Vide. Réglez sur 149 F.

Placer le poulet dans un sac refermable sous vide. Assaisonner de sel et de thym. Libérer l'air par la méthode de déplacement d'eau, sceller et plonger dans un bain-marie. Cuire pendant 60 minutes.

Pendant ce temps, chauffer une poêle à feu moyen. Cuire les champignons jusqu'à ce que l'eau se soit évaporée. Ajouter 3-4 brins de thym. Assaisonnez avec du sel et du poivre. Une fois le chronomètre arrêté, retirez le sac.

Faire chauffer une poêle avec de l'huile à feu moyen. Mélanger le panko avec du sel et du poivre. Couche le poulet dans le mélange panko. Faire frire 1 à 2 minutes par côté. Servir avec des champignons.

Plat de poulet aux herbes avec courge musquée

Temps de préparation + cuisson : 1 heure 15 minutes | Portions : 2

Ingrédients

6 filets de poulet

4 tasses de courge musquée, coupée en cubes et rôtie

4 tasses de laitue roquette

4 cuillères à soupe d'amandes effilées

Jus de 1 citron

2 cuillères à soupe d'huile d'olive

4 cuillères à soupe d'oignon rouge, haché

1 cuillère à soupe de paprika

1 cuillère à soupe de curcuma

1 cuillère à soupe de cumin

Sel au goût

les directions

Préparez un bain-marie et placez-y le Sous Vide. Réglez sur 138 F.

Placer le poulet et tous les assaisonnements dans un sac refermable sous vide. Libérer l'air par la méthode de déplacement d'eau, sceller et plonger dans un bain-marie. Cuire pendant 60 minutes.

Une fois le chronomètre arrêté, retirez le sac et transférez le poulet dans une poêle chaude. Saisir 1 minute de chaque côté. Dans un bol, mélanger le reste des ingrédients. Servir le poulet avec la salade.

Poulet à la coriandre avec sauce au beurre d'arachide

Temps de préparation + cuisson : 1 heure 40 minutes | Portions : 2

Ingrédients

4 poitrines de poulet

1 sachet de salade mixte

1 bouquet de coriandre

2 concombres

2 carottes

1 paquet d'emballages wonton

huile de friture

¼ tasse de beurre d'arachide

Jus de 1 citron vert

2 cuillères à soupe de coriandre hachée

3 gousses d'ail

2 cuillères à soupe de gingembre frais

½ tasse d'eau

2 cuillères à soupe de vinaigre blanc

1 cuillère à soupe de sauce soja

1 cuillère à café de sauce de poisson

1 cc d'huile de sésame

3 cuillères à soupe d'huile de canola

les directions

Préparez un bain-marie et placez-y le Sous Vide. Réglez à 149 F. Assaisonnez le poulet avec du sel et du poivre et placez-le dans un sac hermétique. Libérez l'air par la méthode de déplacement d'eau, scellez et plongez le sac dans le bain-marie. Cuire pendant 60 minutes. Hacher le concombre, la coriandre et les carottes et mélanger avec la salade-

Chauffer une casserole à 350 F. et remplir d'huile. Couper les emballages wonton en morceaux et les faire frire jusqu'à ce qu'ils soient croustillants. Dans un robot culinaire, mettre le beurre d'arachide, le jus de lime, le gingembre frais, la coriandre, l'eau, le vinaigre blanc, la sauce de poisson, la sauce soja, le sésame et l'huile de canola. Mélanger jusqu'à consistance lisse.

Une fois la minuterie terminée, retirez le poulet et transférez-le dans une poêle chaude. Saisir 30 secondes de chaque côté. Mélanger les lanières de wonton avec la salade. Trancher le poulet. Servir sur la salade. Arroser avec la vinaigrette.

Ragoût de poulet et poireaux

Temps de préparation + cuisson : 70 minutes | Portions : 4

Ingrédients

6 poitrines de poulet sans peau

Sel et poivre noir au goût

3 cuillères à soupe de beurre

1 gros poireau, tranché en travers

½ tasse de panko

2 cuillères à soupe de persil haché

1 oz de fromage Copoundy Jack

1 cuillère à soupe d'huile d'olive

les directions

Préparez un bain-marie et placez-y le Sous Vide. Réglé à 146 F.

Placer les poitrines de poulet dans un sac refermable sous vide. Assaisonnez avec du sel et du poivre. Libérer l'air par la méthode de déplacement d'eau, sceller et plonger dans un bain-marie. Cuire 45 minutes.

Pendant ce temps, faites chauffer une poêle à feu vif avec du beurre et faites cuire les poireaux. Assaisonnez avec du sel et du poivre. Bien mélanger. Baisser le feu et laisser cuire 10 minutes.

Faire chauffer une poêle à feu moyen avec le beurre et ajouter le panko. Cuire jusqu'à ce que le pain grillé. Transférer dans un bol et mélanger avec le fromage cheddar et le persil haché. Une fois le chronomètre arrêté, retirez les seins et séchez-les. Faire chauffer une poêle à feu vif avec de l'huile d'olive et saisir le poulet 1 minute de chaque côté. Servir sur des poireaux et garnir du mélange panko.

Cuisses de poulet à la moutarde

Temps de préparation + cuisson : 2 heures 30 minutes | Portions : 4

Ingrédients

4 cuisses de poulet entières

Sel et poivre noir au goût

2 cuillères à soupe d'huile d'olive

2 échalotes, tranchées finement

3 gousses d'ail, tranchées finement

½ tasse de vin blanc sec

1 tasse de bouillon de poulet

¼ tasse de moutarde à grains entiers

1 tasse de crème moitié-moitié

1 cuillère à café de curcuma

2 cuillères à soupe d'estragon frais, émincé

1 cuillère à soupe de thym frais, émincé

les directions

Préparez un bain-marie et placez-y le Sous Vide. Réglez à 172 F. Assaisonnez le poulet avec du sel et du poivre. Faire chauffer l'huile d'olive dans une poêle à feu vif et saisir les cuisses de poulet pendant 5 à 7 minutes. Mettre de côté.

Dans la même poêle ajouter les échalotes et l'ail. Cuire 5 minutes. Ajouter le vin blanc et cuire 2 minutes jusqu'à ce qu'il bouillonne. Retirer et verser le bouillon de poulet et la moutarde.

Mélanger la sauce moutarde avec le poulet et placer dans un sac hermétique. Libérer l'air par la méthode de déplacement d'eau, sceller et plonger dans un bain-marie. Cuire 2 heures.

Une fois le minuteur arrêté, retirez le sac, réservez le poulet et séparez les liquides de cuisson. Dans une casserole chauffée mettez le jus de cuisson et la crème moitié-moitié. Cuire jusqu'à ce qu'il bouillonne et qu'il soit à moitié évaporé. Retirer du feu et mélanger l'estragon, le curcuma, le thym et les cuisses de poulet. Bien mélanger. Assaisonnez avec du sel et du poivre puis servez.

Salade de poulet au fromage avec pois chiches

Temps de préparation + cuisson : 1h30 | Portions : 2

Ingrédients

6 filets de poitrine de poulet, désossés, sans peau

4 cuillères à soupe d'huile d'olive

2 cuillères à soupe de sauce piquante

1 cuillère à café de cumin moulu

1 cuillère à café de sucre brun clair

1 cuillère à café de cannelle moulue

Sel et poivre noir au goût

1 boîte de pois chiches égouttés

½ tasse de fromage feta émietté

½ tasse de fromage queso fresco émietté

½ tasse de basilic déchiqueté

½ tasse de menthe fraîchement déchirée

4 cuillères à café de pignons de pin grillés

2 cuillères à café de miel

2 cuillères à café de jus de citron fraîchement pressé

les directions

Préparez un bain-marie et placez-y le Sous Vide. Réglez à 138 F. Placez les poitrines de poulet, 2 cuillères à soupe d'huile d'olive, la sauce piquante, la cassonade, le cumin et la cannelle dans un sac scellable sous vide. Assaisonnez avec du sel et du poivre. Libérez l'air par la méthode de déplacement d'eau, scellez et plongez le sac dans le bain-marie. Cuire 75 minutes.

Pendant ce temps, mélanger dans un bol les pois chiches, le basilic, le queso fresco, la menthe et les pignons de pin. Versez le miel, le jus de citron et 2 cuillères à soupe d'huile d'olive. Assaisonnez avec du sel et du poivre. Une fois le chronomètre arrêté, retirez le poulet et hachez-le en bouchées. Jeter les jus de cuisson. Incorporer la salade et le poulet, bien mélanger et servir.

Poulet au fromage étagé

Temps de préparation + cuisson : 60 minutes | Portions : 2

Ingrédients

2 poitrines de poulet, désossées, sans peau

Sel et poivre noir au goût

2 cuillères à café de beurre

4 tasses de laitue

1 grosse tomate, tranchée

1 oz de fromage cheddar, tranché

2 cuillères à soupe d'oignon rouge, coupé en dés

Feuilles de basilic frais

1 cuillère à soupe d'huile d'olive

2 quartiers de citron pour servir

les directions

Préparez un bain-marie et placez-y le Sous Vide. Réglé à 146 F.

Placer le poulet dans un sac refermable sous vide. Assaisonnez avec du sel et du poivre. Libérez l'air par la méthode de déplacement d'eau, scellez et plongez le sac dans le bain-marie. Cuire 45 minutes.

Une fois le minuteur arrêté, retirez le poulet et jetez le jus de cuisson. Faire chauffer une poêle à feu vif avec du beurre. Saisir le poulet jusqu'à ce qu'il soit doré. Transférer à une assiette de service. Mettre la laitue parmi le poulet et garnir de tomate, d'oignon rouge, de fromage cheddar et de basilic. Arroser d'huile d'olive, de sel et de poivre. Servir avec des quartiers de citron.

Poulet à la chinoise

Temps de préparation + cuisson : 1 heure 35 minutes | Portions : 6

Ingrédients

1½ livres de poitrines de poulet, désossées et sans peau

¼ tasse d'oignons, finement hachés

2 cuillères à soupe de sauce Worcestershire

1 cuillère à soupe de miel

1 cc d'huile de sésame

1 gousse d'ail, émincée

cuillère à café de poudre de cinq épices chinoises

les directions

Préparez un bain-marie et placez-y le Sous Vide. Réglé à 146 F.

Placer le poulet, les oignons, le miel, la sauce Worcestershire, l'huile de sésame, l'ail et les cinq épices dans un sac refermable sous vide. Libérez l'air par la méthode de déplacement d'eau, scellez et plongez le sac dans le bain-marie. Cuire 75 minutes. Chauffer une poêle à feu moyen. Une fois le chronomètre arrêté, retirez le sac et mettez-le dans la poêle. Saisir pendant 5 minutes jusqu'à coloration dorée. Couper le poulet en médaillons.

Boulettes de poulet à l'origan

Temps de préparation + cuisson : 2 heures 20 minutes | Portions :
4

Ingrédients

1 livre de poulet haché

1 cuillère à soupe d'huile d'olive

2 gousses d'ail, hachées

1 cuillère à café d'origan frais, émincé

Sel au goût

1 cuillère à soupe de cumin

½ cuillère à café de zeste de citron râpé

½ cuillère à café de poivre noir

¼ tasse de chapelure panko

quartiers de citron

les directions

Préparez un bain-marie et placez-y Sous Vide. Réglez à 146 F. Mélangez dans un bol le poulet haché, l'ail, l'huile d'olive, l'origan, le zeste de citron, le cumin, le sel et le poivre. Avec vos mains, faites au moins 14 boulettes de viande. Placer les boulettes de viande dans un sac refermable sous vide. Libérez l'air par la méthode de déplacement d'eau, scellez et plongez le sac dans le bain-marie. Cuire 2 heures.

Une fois le chronomètre arrêté, retirez le sac et transférez les boulettes de viande sur une plaque à pâtisserie recouverte de papier d'aluminium. Chauffer une poêle à feu moyen et saisir les boulettes de viande pendant 7 minutes. Garnir de quartiers de citron.

Poule de Cornouailles chargée de riz et de baies

Temps de préparation + cuisson : 4 heures 40 minutes | Portions : 2

Ingrédients

2 poules de Cornouailles entières

4 cuillères à soupe de beurre plus 1 cuillère à soupe supplémentaire

2 tasses de champignons shiitake, tranchés finement

1 tasse de poireaux, coupés en petits dés

¼ tasse de pacanes, hachées

1 cuillère à soupe de thym frais, émincé

1 tasse de riz sauvage cuit

¼ tasse de canneberges séchées

1 cuillère à soupe de miel

les directions

Préparez un bain-marie et placez-y le Sous Vide. Réglez sur 149 F.

Faites chauffer 4 cuillères à soupe de beurre dans une poêle à feu moyen, une fois fondu, ajoutez les champignons, le thym, le poireau et les pacanes. Cuire 5-10 minutes. Mettre le riz et les canneberges.

Retirer du feu. Laisser refroidir 10 minutes. Remplissez les cavités des poules avec le mélange. Attachez les jambes.

Placer les poules dans un sac refermable sous vide. Libérez l'air par la méthode de déplacement d'eau, scellez et plongez le sac dans le bain. Cuire 4 heures. Chauffer une poêle à feu vif. Dans un bol, mélanger le miel et 1 cuillère à soupe de beurre fondu. Verser sur les poules. Saisir les poules 2 minutes et servir.

Poulet Roulé Chessy

Temps de préparation + cuisson : 1h45 | Portions : 2

Ingrédients

1 poitrine de poulet

¼ tasse de fromage à la crème

¼ tasse de poivron rouge rôti en julienne

½ tasse de roquette tassée lâchement

6 tranches de prosciutto

Sel et poivre noir au goût

1 cuillère à soupe d'huile

les directions

Préparez un bain-marie et placez-y Sous Vide. Réglez à 155 F. Égouttez le poulet et battez-le jusqu'à ce qu'il soit légèrement épais. Puis couper en deux et assaisonner de sel et de poivre. Étaler 2 cuillères à soupe de fromage à la crème et ajouter le poivron rouge rôti et la roquette sur le dessus.

Roulez les poitrines comme des sushis et mettez 3 couches de prosciutto et roulez les poitrines. Placer dans un sac refermable sous vide. Libérer l'air par la méthode de déplacement d'eau, sceller et plonger dans un bain-marie. Cuire pendant 90 minutes. Une fois le chronomètre arrêté, retirez le poulet du sac et saisissez-le. Couper en petits morceaux et servir.

Salade de poulet à la menthe et de pois

Temps de préparation + cuisson : 1h30 | Portions : 2

Ingrédients

6 filets de poitrine de poulet, désossés

4 cuillères à soupe d'huile d'olive

Sel et poivre noir au goût

2 tasses de pois mange-tout, blanchis

1 tasse de menthe fraîchement déchirée

½ tasse de fromage queso fresco émietté

1 cuillère à soupe de jus de citron fraîchement pressé

2 cuillères à café de miel

2 cuillères à café de vinaigre de vin rouge

les directions

Préparez un bain-marie et placez-y le Sous Vide. Réglez sur 138 F.

Placer le poulet avec de l'huile d'olive dans un sac scellable sous vide. Assaisonnez avec du sel et du poivre. Libérez l'air par la méthode de déplacement d'eau, scellez et plongez le sac dans le bain-marie. Cuire 75 minutes.

Dans un bol, mélanger les petits pois, le queso fresco et la menthe. Mélanger les jus de citron, le vinaigre de vin rouge, le miel et 2 cuillères à soupe d'huile d'olive. Assaisonnez avec du sel et du poivre.

Une fois prêt, retirez le poulet et coupez-le en bouchées. Jeter les liquides de cuisson. Servir.

Poulet aux herbes avec sauce à la crème de champignons

Temps de préparation + cuisson : 4 heures 15 minutes | Portions : 2

Ingrédients

Pour le poulet

2 poitrines de poulet désossées sans peau

Sel au goût

1 cuillère à soupe d'aneth

1 cuillère à soupe de curcuma

1 cc d'huile végétale

Pour la sauce

3 échalotes hachées

2 gousses d'ail hachées

1 cc d'huile d'olive

2 cuillères à soupe de beurre

1 tasse de champignons tranchés

2 cuillères à soupe de porto

½ tasse de bouillon de poulet

1 tasse de fromage de chèvre

¼ cuillère à café de poivre noir concassé

les directions

Préparez un bain-marie et placez-y le Sous Vide. Réglez à 138 F. Placez le poulet assaisonné de sel et de poivre dans un sac scellable sous vide. Libérez l'air par la méthode de déplacement d'eau, scellez et plongez le sac dans le bain-marie. Cuire 4 heures.

Une fois le chronomètre arrêté, retirez le sac et transférez-le dans un bain de glace. Laisser refroidir et sécher. Mettre de côté. Faire chauffer l'huile dans une poêle à feu vif, ajouter les échalotes et cuire 2-3 minutes. Mettre le beurre, l'aneth, le curcuma et l'ail, cuire encore 1 minute. Ajouter les champignons, le vin et le bouillon. Cuire 2 minutes, puis verser la crème. Continuez la cuisson jusqu'à ce que la sauce épaississe. Assaisonnez avec du sel et du poivre. Chauffer un gril jusqu'à ce qu'il soit fumé. Badigeonner le poulet d'huile et saisir 1 minute de chaque côté. Garnir de sauce.

poulet frit croustillant

Temps de préparation + cuisson : 2 heures | Portions : 4

Ingrédients

8 cuisses de poulet

Sel et poivre noir au goût

<u>Pour mélange humide</u>

2 tasses de lait de soja

1 cuillère à soupe de jus de citron

<u>Pour mélange sec</u>

1 tasse de farine

1 tasse de farine de riz

½ tasse de fécule de maïs

2 cuillères à soupe de paprika

1 cuillère à soupe de gingembre

Sel et poivre noir au goût

les directions

Préparez un bain-marie et placez-y le Sous Vide. Réglez à 154 F. Placez le poulet assaisonné de poivre et de sel dans un sac refermable sous vide. Libérer l'air par la méthode de déplacement d'eau, sceller et plonger dans un bain-marie. Cuire 1 heure.

Une fois le chronomètre arrêté, retirez le sac. Laisser refroidir 15 minutes. Chauffer une poêle avec de l'huile à plus de 400-425 F. Dans un bol, mélanger le lait de soja et le jus de citron pour obtenir le mélange humide. Dans un autre bol, fouetter la farine protéinée, la farine de riz, la fécule de maïs, le gingembre, le paprika, le sel et le poivre moulu pour obtenir le mélange sec.

Tremper le poulet dans le mélange sec puis dans le mélange humide. Répétez 2-3 fois de plus. Placer sur une grille à pâtisserie. Répétez le processus jusqu'à ce que le poulet soit terminé. Faire frire le poulet pendant 3-4 minutes. Mettez de côté, laissez-les refroidir pendant 10-15 minutes. Garnir de quartiers de citron et de sauce.

Salade De Poulet Vert Aux Amandes

Temps de préparation + cuisson : 95 minutes | Portions : 2

Ingrédients

2 poitrines de poulet, sans peau

Sel et poivre noir au goût

1 tasse d'amandes

1 cuillère à soupe d'huile d'olive

2 cuillères à soupe de sucre

4 piments rouges, tranchés finement

1 gousse d'ail, pelée

3 cuillères à soupe de sauce de poisson

2 cuillères à café de jus de citron vert fraîchement pressé

1 tasse de coriandre, hachée

1 échalote, tranché finement

1 tige de citronnelle, partie blanche seulement, tranchée

1 morceau de gingembre de 2 pouces, coupé en julienne

les directions

Préparez un bain-marie et placez-y le Sous Vide. Réglez à 138 F. Placez le poulet assaisonné de sel et de poivre dans un sac scellable sous vide. Libérez l'air par la méthode de déplacement d'eau, scellez et plongez le sac dans le bain-marie. Cuire 75 minutes.

51

Après 60 minutes, chauffer l'huile d'olive dans une casserole à 350 F. Faire griller les amandes pendant 1 minute jusqu'à ce qu'elles soient sèches. Battre le sucre, l'ail et le piment. Verser la sauce de poisson et le jus de citron vert.

Une fois prêt, retirez le sac et laissez refroidir. Coupez le poulet en bouchées et placez-le dans un bol. Verser la vinaigrette et bien mélanger. Ajouter la coriandre, le gingembre, la citronnelle et les amandes frites. Garnir de chili et servir.

Poulet au lait de coco

Temps de préparation + cuisson : 75 minutes | Portions : 2

Ingrédients

2 poitrines de poulet

4 cuillères à soupe de lait de coco

Sel et poivre noir au goût

Pour la sauce

4 cuillères à soupe de sauce satay

2 cuillères à soupe de lait de coco

Un trait de sauce tamari

les directions

Préparez un bain-marie et placez-y le Sous Vide. Réglez sur 138 F.

Placer le poulet dans un sac hermétique et assaisonner de sel et de poivre. Ajouter 4 cuillères à soupe de lait. Libérez l'air par la méthode de déplacement d'eau, scellez et plongez le sac dans le bain-marie. Cuire pendant 60 minutes.

Une fois le chronomètre arrêté, retirez le sac. Mélanger les ingrédients de la sauce et cuire au micro-ondes pendant 30 secondes. Trancher le poulet. Servir dans une assiette et napper de sauce.

Plat au bacon et au poulet à la romaine

Temps de préparation + cuisson : 1 heure 40 minutes | Portions : 4

Ingrédients

4 petites poitrines de poulet, désossées, sans peau

8 feuilles de sauge

4 morceaux de bacon tranché finement

Poivre noir au goût

1 cuillère à soupe d'huile d'olive

2 onces de fontina râpé

les directions

Préparez un bain-marie et placez-y le Sous Vide. Réglez à 146 F. Assaisonnez le poulet avec du sel et du poivre. Garnir de 2 feuilles de sauge et 1 tranche de bacon. Placez-les dans un sac refermable sous vide. Libérez l'air par la méthode de déplacement d'eau, scellez et plongez le sac dans le bain-marie. Cuire pendant 90 minutes.

Une fois le chronomètre arrêté, retirez le sac et séchez-le. Faire chauffer l'huile dans une poêle à feu vif et saisir le poulet pendant 1 minute. Retourner le poulet et garnir de 1 cuillère à soupe de fromage fontina. Couvrir la poêle et laisser fondre le fromage. Servir sur une assiette le poulet et garnir de feuilles de sauge.

Salade de tomates cerises, avocat et poulet

Temps de préparation + cuisson : 1h30 | Portions : 2

Ingrédients

1 poitrine de poulet

1 avocat, tranché

10 morceaux de tomates cerises coupées en deux

2 tasses de laitue hachée

2 cuillères à soupe d'huile d'olive

1 cuillère à soupe de jus de citron vert

1 gousse d'ail, écrasée

Sel et poivre noir au goût

2 cuillères à café de sirop d'érable

les directions

Préparez un bain-marie et placez-y le Sous Vide. Réglez à 138 F. Placez le poulet dans un sac scellable sous vide. Assaisonnez avec du sel et du poivre. Libérez l'air par la méthode de déplacement d'eau, scellez et plongez le sac dans le bain-marie. Cuire 75 minutes.

Une fois le chronomètre arrêté, retirez le poulet. Faire chauffer l'huile dans une poêle à feu moyen. Saisir les poitrines pendant 30 secondes et trancher. Dans un bol, mélanger l'ail, le jus de lime, le sirop d'érable et l'huile d'olive. Ajouter la laitue, les tomates cerises et l'avocat. Bien mélanger. Dresser la salade et garnir de poulet.

Poulet Chili

Temps de préparation + cuisson : 2 heures 15 minutes | Portions : 2

Ingrédients

4 cuisses de poulet

2 cuillères à soupe d'huile d'olive

Sel et poivre noir au goût

1 gousse d'ail, écrasée

3 cuillères à soupe de sauce de poisson

¼ tasse de jus de citron vert

1 cuillère à soupe de sucre

3 cuillères à soupe de basilic, haché

3 cuillères à soupe de coriandre, hachée

2 piments rouges (épépinés), hachés

1 cuillère à soupe de sauce chili douce

1 cuillère à soupe de sauce chili verte

les directions

Préparez un bain-marie et placez-y le Sous Vide. Réglez à 149 F. Roulez le poulet dans du film alimentaire et laissez-le refroidir. Mettre dans un sachet sous vide avec de l'huile d'olive, du sel et du poivre. Libérez l'air par la méthode de déplacement d'eau, scellez et plongez le sac dans le bain-marie. Cuire 2 heures.

Une fois le chronomètre arrêté, retirez le poulet et coupez-le en 4-5 morceaux. Chauffer l'huile végétale dans une poêle à feu moyen et saisir jusqu'à ce qu'elle soit croustillante. Dans un bol, mélanger tous les ingrédients de la vinaigrette et réserver. Servir le poulet, saler et garnir de vinaigrette.

Ailes de poulet au miel

Temps de préparation + cuisson : 135 minutes | Portions : 2

Ingrédients

cc de sauce soja

cc de vin de riz

cc de miel

¼ cuillère à café de cinq-épices

6 ailes de poulet

½ pouce de gingembre frais

Masse moulue de ½ pouce

1 gousse d'ail, émincée

Oignons verts tranchés pour servir

les directions

Préparez un bain-marie et placez-y le Sous Vide. Réglez sur 160 F.

Dans un bol, mélanger la sauce soja, le vin de riz, le miel et les cinq épices. Placer les ailes de poulet et l'ail dans un sac refermable sous vide. Libérez l'air par la méthode de déplacement d'eau, scellez et plongez le sac dans le bain-marie. Cuire 2 heures.

Une fois le chronomètre arrêté, retirez les ailes et transférez-les sur une plaque à pâtisserie. Cuire au four pendant 5 minutes à 380 F. Servir sur une assiette et garnir d'oignons verts émincés.

Curry de poulet vert avec nouilles et nouilles

Temps de préparation + cuisson : 3 heures | Portions : 2

Ingrédients

1 poitrine de poulet, désossée et sans peau

Sel et poivre noir au goût

1 boîte (13,5 onces) de lait de coco

2 cuillères à soupe de pâte de curry vert

1¾ tasse de bouillon de poulet

1 tasse de champignons shiitake

5 feuilles de lime kaffir, déchirées en deux

2 cuillères à soupe de sauce de poisson

1½ cuillère à soupe de sucre

½ tasse de feuilles de basilic thaï, hachées grossièrement

2 oz de nids de nouilles aux œufs cuits

1 tasse de coriandre, grossièrement hachée

1 tasse de germes de soja

2 cuillères à soupe de nouilles sautées

2 piments rouges, hachés grossièrement

les directions

Préparez un bain-marie et placez-y le Sous Vide. Réglez à 138 F. Assaisonnez le poulet avec du sel et du poivre. Placez-le dans un sac scellable sous vide. Libérez l'air par la méthode de déplacement d'eau, scellez et plongez le sac dans le bain-marie. Cuire pendant 90 minutes.

Passé 35 minutes, chauffer une casserole à feu moyen et incorporer la pâte de curry vert et la moitié du lait de coco. Cuire 5 à 10 minutes jusqu'à ce que le lait de coco commence à épaissir. Ajouter le bouillon de poulet et le reste du lait de coco. Cuire 15 minutes.

Baisser le feu et ajouter les feuilles de lime kaffir, les champignons shiitake, le sucre et la sauce de poisson. Cuire au moins 10 minutes. Retirer du feu et ajouter le basilic.

Une fois le chronomètre arrêté, retirez le sachet et laissez refroidir 5 minutes puis coupez-le en fines tranches. Servir dans un bol à soupe la sauce curry, les nouilles cuites et le poulet. Garnir de fèves germées, de coriandre, de chilis et de nouilles frites.

Mini Bouchées de Poulet au Pesto et Avocat

Temps de préparation + cuisson : 1 heure 40 minutes | Portions : 2

Ingrédients

1 poitrine de poulet, désossée, sans peau, en papillon

Sel et poivre noir au goût

1 cuillère à soupe de sauge

3 cuillères à soupe d'huile d'olive

1 cuillère à soupe de pesto

1 courgette, tranchée

1 avocat

1 tasse de feuilles de basilic frais

les directions

Préparez un bain-marie et placez-y le Sous Vide. Réglez sur 138 F.

Piler la poitrine de poulet jusqu'à ce qu'elle soit fine. Assaisonner de sauge, de poivre et de sel. Placer dans un sac refermable sous vide. Ajouter 1 cuillère à soupe d'huile et le pesto. Libérez l'air par la méthode de déplacement d'eau, scellez et plongez le sac dans le bain-marie. Cuire 75 minutes. Après 60 minutes, faites chauffer 1 cuillère à soupe d'huile d'olive dans une poêle à feu vif, ajoutez les courgettes et tasse d'eau. Cuire jusqu'à évaporation de l'eau. Une fois le chronomètre arrêté, retirez le poulet.

Chauffer le reste d'huile d'olive dans une poêle à feu moyen et saisir le poulet 2 minutes de chaque côté. Réserver et laisser refroidir. Couper le poulet en petites tranches comme les courgettes. Trancher également l'avocat. Servir le poulet avec des tranches d'avocat sur le dessus. Garnir de tranches de courgettes et de basilic.

Boulettes de poulet au fromage

Temps de préparation + cuisson : 1 heure 15 minutes | Portions : 6

Ingrédients

1 livre de poulet haché

2 cuillères à soupe d'oignon, haché finement

cc d'ail en poudre

Sel et poivre noir au goût

2 cuillères à soupe de chapelure

1 oeuf

32 petits cubes de mozzarella coupés en dés

1 cuillère à soupe de beurre

3 cuillères à soupe de panko

½ tasse de sauce tomate

½ oz de fromage Pecorino Romano râpé

Persil haché

les directions

Préparez un bain-marie et placez-y le Sous Vide. Réglez à 146 F. Dans un bol, mélangez le poulet, l'oignon, le sel, la poudre d'ail, le poivre et la chapelure assaisonnée. Ajouter l'oeuf et bien mélanger. Formez 32 boules de taille moyenne et remplissez-les d'un cube de fromage, assurez-vous que le mélange recouvre bien le fromage.

Placer les boules dans un sac hermétique et laisser refroidir 20 minutes. Ensuite, libérez l'air par la méthode de déplacement d'eau, scellez et plongez le sac dans le bain-marie. Cuire 45 minutes.

Une fois le chronomètre arrêté, retirez les boules. Faire fondre le beurre dans une poêle à feu vif et ajouter le panko. Cuire jusqu'à ce que le pain grillé. Faites également cuire la sauce tomate. Dans un plat de service, disposer les boules et les glacer avec la sauce tomate. Garnir de panko et de fromage. Garnir de persil.

Burgers de dinde au fromage

Temps de préparation + cuisson : 1h45 | Portions : 6

Ingrédients

6 cc d'huile d'olive

1½ livres de dinde hachée

16 craquelins à la crème, écrasés

2½ cuillères à soupe de persil frais haché

2 cuillères à soupe de basilic frais haché

½ cuillère à soupe de sauce Worcestershire

½ cuillère à soupe de sauce soja

½ cuillère à café d'ail en poudre

1 oeuf

6 petits pains, grillés

6 tranches de tomates

6 feuilles de laitue romaine

6 tranches de fromage Monterey Jack

les directions

Préparez un bain-marie et placez-y le Sous Vide. Réglez à 148 F. Mélangez la dinde, les craquelins, le persil, le basilic, la sauce soja et la poudre d'ail. Ajouter l'œuf et mélanger à la main.

Dans une plaque à pâtisserie avec de la cire au poivre, avec le mélange créer 6 galettes et les placer. Couvrir et transférer au réfrigérateur

Sortez les galettes du réfrigérateur et placez-les dans trois sachets scellables sous vide. Libérez l'air par la méthode de déplacement d'eau, scellez et plongez les sacs dans le bain-marie. Cuire 1h15.

Une fois le chronomètre arrêté, retirez les galettes. Jeter les jus de cuisson.

Faire chauffer l'huile d'olive dans une poêle à feu vif et y déposer les galettes. Saisir 45 secondes de chaque côté. Placer les galettes sur les pains grillés. Garnir de tomate, de laitue et de fromage. Servir.

Dinde farcie au bacon et aux noix enveloppée de jambon

Temps de préparation + cuisson : 3 heures 45 minutes | Portions : 6

Ingrédients

1 oignon blanc, haché

3 cuillères à soupe de beurre

1 tasse de cubes de bacon

4 cuillères à soupe de pignons de pin

2 cuillères à soupe de thym haché

4 gousses d'ail, hachées

Zeste de 2 citrons

4 cuillères à soupe de persil haché

tasse de chapelure

1 œuf battu

4 lb de poitrine de dinde désossée, en papillon

Sel et poivre noir au goût

16 tranches de jambon

les directions

Préparez un bain-marie et placez-y le Sous Vide. Réglé à 146 F.

Faites chauffer 2 cuillères à soupe de beurre dans une poêle à feu moyen et faites revenir l'oignon pendant 10 minutes jusqu'à ce qu'il ramollisse. Mettre de côté. Dans la même poêle, ajouter le bacon et cuire 5 minutes jusqu'à ce qu'il soit doré. Incorporer les pignons, le thym, l'ail et le zeste de citron et cuire encore 2 minutes. Ajouter le persil et mélanger. Remettre l'oignon dans la poêle, incorporer la chapelure et l'œuf.

Sortez la dinde et couvrez-la d'une pellicule plastique. Avec un marteau à viande, martelez-le à l'épaisseur. Placer le jambon dans une feuille d'aluminium. Mettez la dinde sur le jambon et écrasez le centre pour créer une bande. Rouler la dinde fermement d'un côté à l'autre jusqu'à ce qu'elle soit complètement enveloppée. Couvrir d'une pellicule plastique et placer dans un sac scellable sous vide. Libérez l'air par la méthode de déplacement d'eau, scellez et plongez le sac dans le bain-marie. Cuire pendant 3 heures.

Une fois le chronomètre arrêté, retirez la dinde et jetez le plastique. Faites chauffer le reste du beurre dans une poêle à feu moyen et mettez la poitrine. Saisir le jambon 45 secondes de chaque côté. Rouler la dinde et saisir encore 2-3 minutes. Couper la poitrine en médaillons et servir.

Rouleaux de tortillas à la salade César avec dinde

Temps de préparation + cuisson : 1 heure 40 minutes | Portions : 4

Ingrédients

2 gousses d'ail, hachées

2 poitrines de dinde sans peau et sans os

Sel et poivre noir au goût

1 tasse de mayonnaise

2 cuillères à soupe de jus de citron fraîchement pressé

1 cc de pâte d'anchois

1 cc de moutarde de Dijon

1 cc de sauce soja

4 tasses de laitue iceberg

4 tortillas

les directions

Préparez un bain-marie et placez-y le Sous Vide. Réglez à 152 F. Assaisonnez la poitrine de dinde avec du sel et du poivre et mettez-la dans un sac refermable sous vide. Libérez l'air par la méthode de déplacement d'eau, scellez et plongez le sac dans le bain-marie. Cuire 1h30.

Mélanger la mayonnaise, l'ail, le jus de citron, la pâte d'anchois, la moutarde, la sauce soja et le reste du sel et du poivre. Laisser reposer au réfrigérateur. Une fois le chronomètre arrêté, retirez la dinde et séchez-la. Trancher la dinde. Mélanger la laitue avec la vinaigrette froide. Verser un quart du mélange de dinde dans chaque tortilla et plier. Couper en deux et servir avec la vinaigrette.

Roulade de dinde à la sauge

Temps de préparation + cuisson : 5 heures 15 minutes | Portions : 6

Ingrédients:

3 cuillères à soupe d'huile d'olive

2 petits oignons jaunes, coupés en dés

2 branches de céleri, coupées en dés

3 cuillères à soupe de sauge moulue

le zeste et le jus de 2 citrons

3 tasses de mélange à farce à la dinde

2 tasses de bouillon de dinde ou de poulet

5 livres de poitrine de dinde coupée en deux

Les directions:

Placer une poêle sur feu moyen, ajouter l'huile d'olive, l'oignon et le céleri. Faire revenir 2 minutes. Ajouter le jus de citron, le zeste et la sauge jusqu'à ce que le jus de citron réduise.

Dans un bol, verser le mélange de farce et ajouter le mélange de sauge cuite. Mélangez avec vos mains. Ajouter le bouillon en mélangeant à la main jusqu'à ce que les ingrédients tiennent bien et ne coulent pas. Retirez délicatement la peau de dinde et posez-la sur une pellicule plastique. Retirer les os et jeter.

Placez la poitrine de dinde sur la peau et posez une deuxième couche de pellicule plastique sur la poitrine de dinde. Aplatissez-le à 1 pouce d'épaisseur à l'aide d'un rouleau à pâtisserie. Retirez la pellicule de plastique sur le dessus et étalez la farce sur la dinde aplatie, en laissant un espace de ½ pouce sur les bords.

En commençant par le côté étroit, roulez la dinde comme un rouleau à pâtisserie et drapez la peau supplémentaire sur la dinde. Fixez le rouleau avec de la ficelle de boucher. Enveloppez le rouleau de dinde dans la pellicule de plastique plus large et tordez les extrémités pour fixer le rouleau, ce qui devrait former un cylindre serré.

Placez le rouleau dans un sac scellable sous vide, libérez l'air et scellez le sac. Réfrigérer 40 minutes. Faites un bain-marie, placez-y le Sous Vide et réglez-le à 155 F. Placez le rouleau de dinde dans le bain-marie et réglez la minuterie sur 4 heures.

Une fois le chronomètre arrêté, retirez le sachet et ouvrez-le. Préchauffer un four à 400 F, retirer la pellicule plastique de la dinde et la placer sur un plat allant au four avec la peau vers le haut. Rôtir pendant 15 minutes. Trancher en rondelles. Servir avec une sauce crémeuse et des légumes à faible teneur en glucides cuits à la vapeur.

Poitrine de dinde au thym

Temps de préparation + cuisson : 3 heures 15 minutes | Portions : 6

Ingrédients

1 demi-poitrine de dinde, désossée avec la peau

1 cuillère à soupe d'huile d'olive

1 cuillère à soupe de sel d'ail

1 cuillère à soupe de thym

1 cuillère à café de poivre noir

les directions

Préparez un bain-marie et placez-y le Sous Vide. Réglé à 146 F.

Mélanger la poitrine de dinde, l'ail, le thym, le sel et le poivre. Placez-le dans un sac scellable sous vide. Libérez l'air par la méthode de déplacement d'eau, scellez et plongez le sac dans le bain-marie. Cuire 4 heures.

Une fois le chronomètre arrêté, retirez le sac et séchez-le avec une plaque à pâtisserie. Chauffer une poêle en fer à feu vif et saisir pendant 5 minutes jusqu'à ce qu'elles soient dorées.

Burgers de boulettes de dinde au pesto

Temps de préparation + cuisson : 80 minutes | Portions : 4

Ingrédients

1 livre de dinde hachée

3 oignons verts, hachés finement

1 gros œuf battu

1 cuillère à soupe de chapelure

1 cuillère à café d'origan séché

1 cuillère à soupe de thym

Sel et poivre noir au goût

½ tasse de pesto (plus 2 cuillères à café supplémentaires)

2 onces de fromage mozzarella, déchiré en morceaux

4 grands pains à hamburger

les directions

Préparez un bain-marie et placez-y le Sous Vide. Régler à 146 F. Dans un bol, mélanger la dinde, l'œuf, la chapelure, les oignons verts, le thym et l'origan. Assaisonnez avec du sel et du poivre. Bien mélanger. Faire au moins 8 boules et faire un trou au milieu avec le pouce. Remplissez chacun avec 1/4 cuillère à soupe de pesto et 1/4 oz de fromage mozzarella. Assurez-vous que la viande a recouvert le remplissage.

Placez-le dans un sac scellable sous vide. Libérez l'air par la méthode de déplacement d'eau, scellez et plongez le sac dans le bain-marie. Cuire pendant 60 minutes. Une fois le chronomètre arrêté, retirez les boules et séchez-les avec des plaques à pâtisserie. Faites chauffer une poêle à feu moyen et faites cuire 1/2 tasse de pesto. Ajouter les boulettes de viande et bien mélanger. Placer dans chaque pain à hamburger 2 boulettes de viande.

Poitrine de dinde aux pacanes

Temps de préparation + cuisson : 2 heures 15 minutes | Portions : 6

Ingrédients:

2 livres de poitrine de dinde, tranchée finement

1 cuillère à soupe de zeste de citron

1 tasse de pacanes, hachées finement

1 cuillère à soupe de thym, haché finement

2 gousses d'ail, écrasées

2 cuillères à soupe de persil frais, haché finement

3 tasses de bouillon de poulet

3 cuillères à soupe d'huile d'olive

Les directions:

Rincez la viande sous l'eau froide et égouttez-la dans une passoire. Frottez avec le zeste de citron et transférez dans un grand sac scellable sous vide avec le bouillon de poulet. Cuire en Sous Vide pendant 2 heures à 149 F. Retirer du bain-marie et réserver.

Faites chauffer l'huile d'olive dans une poêle de taille moyenne et ajoutez l'ail, les noix de pécan et le thym. Remuez bien et laissez cuire 4 à 5 minutes. Enfin, ajoutez la poitrine de poulet dans la poêle et faites-la dorer brièvement des deux côtés. Sers immédiatement.

Plat de dinde aux épices

Temps de préparation + cuisson : 14 heures 15 minutes | Portions : 4

Ingrédients

1 cuisse de dinde

1 cuillère à soupe d'huile d'olive

1 cuillère à soupe de sel d'ail

1 cuillère à café de poivre noir

3 brins de thym

1 cuillère à soupe de romarin

les directions

Préparez un bain-marie et placez-y le Sous Vide. Réglez à 146 F. Assaisonnez la dinde avec de l'ail, du sel et du poivre. Placez-le dans un sac scellable sous vide.

Libérez l'air par la méthode de déplacement d'eau, scellez et plongez le sac dans le bain. Cuire pendant 14 heures. Une fois cela fait, retirez les jambes et séchez-les.

Dinde à la Sauce à l'Orange

Temps de préparation + cuisson : 75 minutes | Portions : 2

Ingrédients:

1 livre de poitrines de dinde, sans peau et sans os

1 cuillère à soupe de beurre

3 cuillères à soupe de jus d'orange frais

½ tasse de bouillon de poulet

1 cc de piment de Cayenne

Sel et poivre noir au goût

Les directions:

Rincez les poitrines de dinde sous l'eau froide et essuyez-les. Mettre de côté.

Dans un bol moyen, mélanger le jus d'orange, le bouillon de poulet, le poivre de Cayenne, le sel et le poivre. Bien mélanger et placer la viande dans cette marinade. Réfrigérer pendant 20 minutes.

Maintenant, placez la viande avec la marinade dans un grand sac scellable sous vide et faites cuire en Sous Vide pendant 40 minutes à 122 F.

Dans une casserole moyenne antiadhésive, faire fondre le beurre à haute température. Retirez la viande du sac et ajoutez-la dans la casserole. Faire revenir 2 minutes et retirer du feu.

Cuisses de dinde au thym et au romarin

Temps de préparation + cuisson : 8 heures 30 minutes | Portions : 4

Ingrédients

5 cuillères à café de beurre fondu

10 gousses d'ail, hachées

2 cuillères à soupe de romarin séché

1 cuillère à soupe de cumin

1 cuillère à soupe de thym

2 cuisses de dinde

les directions

Préparez un bain-marie et placez-y le Sous Vide. Réglez sur 134 F.

Mélanger l'ail, le romarin, le cumin, le thym et le beurre. Frotter la dinde avec le mélange.

Placer la dinde dans un sac refermable sous vide. Libérez l'air par la méthode de déplacement d'eau, scellez et plongez le sac dans le bain-marie. Cuire pendant 8 heures

Une fois le chronomètre arrêté, retirez la dinde. Réserver les jus de cuisson. Faites chauffer un grill à feu vif et mettez la dinde. Arrosez de jus de cuisson. Retournez-vous et saupoudrez d'un peu plus de jus. Réserver et laisser refroidir. Servir.

Poitrine de dinde aux clous de girofle

Temps de préparation + cuisson : 1h45 | Portions : 6

Ingrédients:

2 livres de poitrine de dinde, tranchée

2 gousses d'ail, hachées

1 tasse d'huile d'olive

2 cuillères à soupe de moutarde de Dijon

2 cuillères à soupe de jus de citron

1 cuillère à café de romarin frais, haché finement

1 cuillère à café de clou de girofle, émincé

Sel et poivre noir au goût

Les directions:

Dans un grand bol, mélanger l'huile d'olive, la moutarde, le jus de citron, l'ail, le romarin, les clous de girofle, le sel et le poivre. Mélanger jusqu'à ce que le tout soit bien incorporé et ajouter les tranches de dinde. Faire tremper et réfrigérer 30 minutes avant la cuisson.

Sortir du réfrigérateur et transférer dans 2 sachets scellables sous vide. Fermez les sacs et faites cuire en Sous Vide pendant une heure à 149 F. Retirez du bain-marie et servez.

Poitrine de dinde à l'aneth et au romarin

Temps de préparation + cuisson : 1 heure 50 minutes | Portions : 2

Ingrédients

1 livre de poitrines de dinde désossées

Sel et poivre noir au goût

3 brins d'aneth frais

1 brin de romarin frais, haché

1 feuille de laurier

les directions

Préparez un bain-marie et placez-y le Sous Vide. Réglé à 146 F.

Faire chauffer une poêle à feu moyen, y mettre la dinde et la saisir 5 minutes. Réservez le gras. Assaisonner la dinde avec du sel et du poivre. Placer la dinde, l'aneth, le romarin, la feuille de laurier et le gras réservé dans un sac refermable sous vide. Libérez l'air par la méthode de déplacement d'eau, scellez et plongez le sac dans le bain-marie. Cuire 1h30.

Chauffer une poêle à feu vif. Une fois le chronomètre arrêté, retirez la dinde et transférez-la dans la poêle. Saisir 5 minutes.

Canard Doux Rôti

Temps de préparation + cuisson : 3 heures 55 minutes | Portions : 4

Ingrédients

6 oz de magret de canard désossé

¼ cc de cannelle

cc de paprika fumé

cc de poivre de cayenne

1 cuillère à soupe de thym

1 cuillère à café de miel

Sel et poivre noir au goût

les directions

Préparez un bain-marie et placez-y le Sous Vide. Réglez à 134 F. Séchez le magret de canard avec une plaque à pâtisserie et retirez la peau, faites attention de ne pas couper la chair. Assaisonnez avec du sel.

Faites chauffer une poêle à feu vif. Saisir le canard pendant 3-4 minutes. Retirer et mettre de côté.

Dans un bol, mélanger le paprika, le thym, le poivre de Cayenne et la cannelle, bien mélanger. Faire mariner le magret de canard avec le mélange. Placer dans un sac refermable sous vide. Ajouter 1 cuillère à soupe de miel. Libérez l'air par la méthode de déplacement d'eau, scellez et plongez le sac dans le bain-marie. Cuire pendant 3 heures et 30 minutes.

Une fois la minuterie arrêtée, retirez le sac et séchez. Faire chauffer une poêle à feu vif et saisir le canard 2 minutes. Retournez-le et laissez cuire encore 30 secondes. Laisser refroidir et servir.

Petits pains de canard au thym

Temps de préparation + cuisson : 2 heures 10 minutes | Portions : 3

Ingrédients:

3 (6 oz) magrets de canard, avec la peau

3 cuillères à café de feuilles de thym

2 cc d'huile d'olive

Sel et poivre noir au goût

Ingrédients:

Faire des lanières transversales sur les poitrines et sans entailler la viande. Assaisonner la peau avec du sel et le côté viande avec du thym, du poivre et du sel. Placer les magrets de canard dans 3 sachets séparés sous vide. Libérez l'air et scellez les sacs. Réfrigérer pendant 1 heure.

Faites un bain-marie, placez-y le Sous Vide et réglez-le sur 135 F. Retirez les sacs du réfrigérateur et plongez-les dans le bain-marie. Réglez la minuterie sur 1 heure.

Une fois le chronomètre arrêté, retirez et ouvrez les sachets. Mettre une poêle sur feu moyen, ajouter l'huile d'olive. Une fois qu'il a chauffé, ajouter le canard et saisir jusqu'à ce que la peau fonde et que la viande soit dorée. Retirer et laisser reposer pendant 3 minutes, puis trancher. Servir.

Confit d'Oie Orange

Préparation + temps de cuisson : 12 heures 7 minutes + temps de refroidissement | Portions : 6

Ingrédients

3 feuilles de laurier

6 pattes d'oie

10 cuillères à café de sel

6 gousses d'ail écrasées

1 brin de romarin frais, équeuté

1½ tasse de graisse d'oie

1 cc de poivre en grains

Zeste de 1 orange

les directions

Badigeonner les cuisses d'oie d'ail, de sel, de grains de poivre et de romarin. Couvrir et laisser refroidir au réfrigérateur pendant 12 à 24 heures. Préparez un bain-marie et placez-y le Sous Vide. Réglez à 172 F. Retirez l'oie du réfrigérateur et séchez-la avec un torchon.

Placez l'oie, la graisse d'oie, les feuilles de laurier, le poivre et le zeste d'orange dans un sac refermable sous vide. Libérez l'air par la méthode de déplacement d'eau, scellez et plongez le sac dans le bain-marie. Cuire pendant 12 heures.

Une fois le chronomètre arrêté, sortez l'oie du sac et nettoyez l'excès de graisse. Chauffer une poêle à feu vif et saisir l'oie pendant 5 à 7 minutes jusqu'à ce qu'elle soit croustillante.

Pâtes au fromage et au citron et aux crevettes

Temps de préparation + cuisson : 55 minutes | Portions : 4

Ingrédients

2 tasses de bette à carde, hachées

6 cuillères à soupe de beurre

½ tasse de parmesan

2 gousses d'ail, hachées

1 citron, zesté et pressé

1 cuillère à soupe de basilic frais, haché

Sel et poivre noir au goût

1 cuillère à café de flocons de piment rouge

1½ livre de crevettes, déveinées, avec queues

8 onces de pâtes au choix

les directions

Préparez un bain-marie et placez-y le Sous Vide. Réglez sur 137 F.

Chauffer une casserole à feu moyen et mélanger le beurre, la bette à carde, 1/4 tasse de fromage Pecorino Romano, l'ail, le zeste et le jus de citron, le basilic, le sel, le poivre noir et les flocons de piment rouge. Cuire 5 minutes jusqu'à ce que le beurre soit fondu. Mettre de côté.

Placer les crevettes dans un sac refermable sous vide et verser le mélange de citron. Bien agiter. Libérez l'air par la méthode de déplacement d'eau, scellez et plongez le sac dans le bain-marie. Cuire 30 minutes.

Pendant ce temps, faites cuire les pâtes selon les instructions du paquet. Égouttez-le et mettez-le dans la casserole. Une fois le chronomètre arrêté, retirez le sac et transférez-le dans le pot à pâtes. Cuire 3-4 minutes. Garnir du reste du fromage Pecorino et servir.

Flétan au Xérès sucré et glaçage au miso

Temps de préparation + cuisson : 50 minutes | Portions : 4

Ingrédients

1 cuillère à soupe d'huile d'olive

2 cuillères à soupe de beurre

⅓ tasse de xérès doux

⅓ tasse de miso rouge

¼ tasse de mirin

3 cuillères à soupe de sucre roux

2½ cuillères à soupe de sauce soja

4 filets de flétan

2 cuillères à soupe d'échalotes hachées

2 cuillères à soupe de persil frais haché

les directions

Préparez un bain-marie et placez-y le Sous Vide. Réglez à 134 F. Faites chauffer le beurre dans une casserole à feu moyen-doux. Incorporer le xérès sucré, le miso, le mirin, la cassonade et la sauce soja pendant 1 minute. Mettre de côté. Laisser refroidir. Placer le flétan dans 2 sacs scellables sous vide. Libérez l'air par la méthode de déplacement d'eau, scellez et plongez les sacs dans le bain-marie. Cuire 30 minutes.

Une fois le chronomètre arrêté, retirez le flétan des sacs et séchez-le avec un torchon. Réserver les jus de cuisson. Faites chauffer une casserole à feu vif et versez-y le jus de cuisson. Cuire jusqu'à réduction de moitié.

Faites chauffer l'huile d'olive dans une poêle à feu moyen et transférez les filets. Saisir 30 secondes de chaque côté jusqu'à ce qu'ils soient croustillants. Servir le poisson et arroser de glaçage au miso. Garnir d'échalotes et de persil.

Saumon croustillant avec glaçage au gingembre doux

Temps de préparation + cuisson : 53 minutes | Portions : 4

Ingrédients

½ tasse de sauce Worcestershire

6 cuillères à soupe de sucre blanc

4 cuillères à soupe de mirin

2 petites gousses d'ail, hachées

½ cuillère à café de fécule de maïs

½ cuillère à café de gingembre frais râpé

4 filets de saumon

4 cuillères à café d'huile végétale

2 tasses de riz cuit, pour servir

1 cuillère à café de graines de pavot grillées

les directions

Préparez un bain-marie et placez-y le Sous Vide. Réglez sur 129 F.

Mélanger la sauce Worcestershire, le sucre, le mirin, l'ail, la fécule de maïs et le gingembre dans une casserole chaude à feu moyen. Cuire 1 minute jusqu'à ce que le sucre soit dissous. Réserver 1/4 tasse de sauce. Laisser refroidir. Placer les filets de saumon dans 2 sachets sous vide avec le reste de la sauce. Libérez l'air par la méthode de déplacement d'eau, scellez et plongez les sacs dans le bain-marie. Cuire 40 minutes.

Une fois le chronomètre arrêté, retirez les filets des sacs et séchez-les avec un torchon. Chauffer une casserole à feu moyen et cuire la tasse de sauce pendant 2 minutes jusqu'à épaississement. Faire chauffer l'huile dans une poêle. Saisir le saumon 30 secondes de chaque côté. Servir le saumon avec la sauce et les graines de pavot.

Poisson aux agrumes avec sauce à la noix de coco

Temps de préparation : 1 heure 57 minutes | Portions : 6

Ingrédients

2 cuillères à soupe d'huile végétale

4 tomates, pelées et hachées

2 poivrons rouges, coupés en dés

1 oignon jaune, coupé en dés

½ tasse de jus d'orange

¼ tasse de jus de citron vert

4 gousses d'ail, hachées

1 cuillère à café de graines de carvi, écrasées

1 cuillère à café de cumin en poudre

1 cuillère à café de poivre de cayenne

½ cuillère à café de sel

6 filets de cabillaud, sans peau, coupés en cubes

14 onces de lait de coco

¼ tasse de noix de coco râpée

3 cuillères à soupe de coriandre fraîche hachée

les directions

Préparez un bain-marie et placez-y le Sous Vide. Réglez sur 137 F.

Mélanger dans un bol le jus d'orange, le jus de citron vert, l'ail, les graines de carvi, le cumin, le poivre de Cayenne et le sel. Badigeonner les filets du mélange de citron vert. Couvrir et laisser refroidir au réfrigérateur pendant 1 heure.

Pendant ce temps, faites chauffer l'huile dans une casserole à feu moyen et mettez-y les tomates, les poivrons, l'oignon et le sel. Cuire pendant 4 à 5 minutes jusqu'à ce qu'ils ramollissent. Verser le lait de coco sur le mélange de tomates et cuire 10 minutes. Réserver et laisser refroidir.

Sortez les filets du réfrigérateur et placez-les dans 2 sachets scellables sous vide avec le mélange de noix de coco. Libérez l'air par la méthode de déplacement d'eau, scellez et plongez les sacs dans le bain-marie. Cuire 40 minutes. Une fois le chronomètre arrêté, retirez les sachets et transférez le contenu dans un bol de service. Garnir de noix de coco râpée et de coriandre. Servir avec du riz.

Aiglefin poché à la lime et au persil

Temps de préparation + cuisson : 75 minutes | Portions : 4

Ingrédients

4 filets d'aiglefin, avec la peau

½ cuillère à café de sel

6 cuillères à soupe de beurre

Zeste et jus de 1 citron vert

2 cuillères à café de persil frais haché

1 citron vert, en quartiers

les directions

Préparez un bain-marie et placez-y le Sous Vide. Réglez sur 137 F.

Salez les filets et placez-les dans 2 sachets sous vide. Ajouter le beurre, la moitié du zeste et du jus de citron vert et 1 cuillère à soupe de persil. Libérer l'air par la méthode de déplacement d'eau. Transférer au réfrigérateur et laisser refroidir 30 minutes. Sceller et plonger les sacs dans le bain-marie. Cuire 30 minutes.

Une fois le chronomètre arrêté, retirez les filets et essuyez-les avec un torchon. Chauffer le reste du beurre dans une poêle à feu moyen et saisir les filets pendant 45 secondes de chaque côté, en versant le beurre fondu sur le dessus. Séchez avec un torchon et transférez dans une assiette. Garnir de quartiers de lime et servir.

Tilapia croustillant à la sauce moutarde et érable

Temps de préparation + cuisson : 65 minutes | Portions : 4

Ingrédients

2 cuillères à soupe de sirop d'érable

6 cuillères à soupe de beurre

2 cuillères à soupe de moutarde de Dijon

2 cuillères à soupe de sucre roux

1 cuillère à soupe de persil

1 cuillère à soupe de thym

2 cuillères à soupe de sauce soja

2 cuillères à soupe de vinaigre de vin blanc

4 filets de tilapia, avec la peau

les directions

Préparez un bain-marie et placez-y le Sous Vide. Réglez sur 114 F.

Faites chauffer une casserole à feu moyen et mettez 4 cuillères à soupe de beurre, moutarde, cassonade, sirop d'érable, sauce soja, vinaigre, persil et thym. Cuire 2 minutes. Réserver et laisser refroidir 5 minutes.

Placer les filets de tilapia dans un sac scellable sous vide avec la sauce à l'érable. Libérez l'air par la méthode de déplacement d'eau, scellez et plongez le sac dans le bain-marie. Cuire 45 minutes.

Une fois le chronomètre arrêté, retirez les filets et essuyez-les avec un torchon. Chauffer le reste du beurre dans une poêle à feu moyen et saisir les filets pendant 1 à 2 minutes.

Espadon à la moutarde

Temps de préparation + cuisson : 55 minutes | Portions : 4

Ingrédients

2 cuillères à soupe d'huile d'olive

2 steaks d'espadon

Sel et poivre noir au goût

½ cuillère à café de moutarde Coleman's

2 cuillères à café d'huile de sésame

les directions

Préparez un bain-marie et placez-y Sous Vide. Réglez à 104 F. Assaisonnez l'espadon avec du sel et du poivre. Bien mélanger l'huile d'olive et la moutarde. Placer l'espadon dans un sac scellable sous vide avec le mélange de moutarde. Libérer l'air par la méthode de déplacement d'eau. Laisser reposer au réfrigérateur pendant 15 minutes. Sceller et plonger le sac dans le bain-marie. Cuire 30 minutes.

Chauffer l'huile de sésame dans une poêle à feu vif. Une fois le chronomètre arrêté, retirez l'espadon et séchez-le avec un torchon. Jeter les jus de cuisson. Transférer dans la poêle et saisir 30 secondes de chaque côté. Couper l'espadon en tranches et servir.

Tortillas de poisson épicé

Temps de préparation + cuisson : 35 minutes | Portions : 6

Ingrédients

⅓ tasse de crème à fouetter

4 filets de flétan, sans peau

1 cuillère à café de coriandre fraîche hachée

cuillère à café de flocons de piment rouge

Sel et poivre noir au goût

1 cuillère à soupe de vinaigre de cidre

½ oignon doux, haché

6 tortillas

Laitue iceberg râpée

1 grosse tomate, tranchée

Guacamole pour la garniture

1 citron vert, en quartiers

les directions

Préparez un bain-marie et placez-y le Sous Vide. Réglez sur 134 F.

Mélanger les filets avec la coriandre, les flocons de piment rouge, le sel et le poivre. Placer dans un sac refermable sous vide. Libérez l'air par la méthode de déplacement d'eau, plongez le sac dans le bain. Cuire 25 minutes.

Pendant ce temps, mélangez le vinaigre de cidre, l'oignon, le sel et le poivre. Mettre de côté. Une fois le chronomètre arrêté, retirez les filets et essuyez-les avec un torchon. A l'aide d'un chalumeau et saisir les filets. Couper en morceaux. Mettez le poisson sur la tortilla, ajoutez la laitue, la tomate, la crème, le mélange d'oignons et le guacamole. Garnir de citron vert.

Steaks de thon au basilic

Temps de préparation + cuisson : 45 minutes | Portions : 5

Ingrédients

6 cuillères à soupe d'huile d'olive

4 steaks de thon

Sel et poivre noir au goût

Zeste et jus d'1 citron

2 gousses d'ail, hachées

1 cc de basilic frais haché

les directions

Préparez un bain-marie et placez-y Sous Vide. Réglez à 126 F. Assaisonnez le thon avec du sel et du poivre. Mélanger 4 cuillères à soupe d'huile d'olive, le jus et le zeste de citron, l'ail et le basilic. Placer dans deux sachets scellables sous vide avec la marinade d'agrumes. Libérez l'air par la méthode de déplacement d'eau, scellez et plongez les sacs dans le bain-marie. Cuire 35 minutes.

Une fois le chronomètre arrêté, retirez le thon et séchez-le avec un torchon. Réserver les jus de cuisson. Faire chauffer l'huile d'olive dans une poêle à feu vif et cuire le thon 1 minute de chaque côté.

Transvaser dans une assiette et saupoudrer du jus de cuisson. Meilleur servi avec du riz.

Salade d'espadon et de pommes de terre aux olives Kalamata

Temps de préparation + cuisson : 3 heures 5 minutes | Portions : 2

Ingrédients

Pommes de terre

3 cuillères à soupe d'huile d'olive

1 livre de patates douces

2 cuillères à café de sel

3 brins de thym frais

Poisson

1 cuillère à soupe d'huile d'olive

1 steak d'espadon

Sel et poivre noir au goût

1 cuillère à café d'huile de canola

salade

1 tasse de pousses d'épinards

1 tasse de tomates cerises, coupées en deux

¼ tasse d'olives Kalamata, hachées

1 cuillère à soupe d'huile d'olive

1 cc de moutarde de Dijon

3 cuillères à soupe de vinaigre de cidre

cc de sel

les directions

Pour faire les pommes de terre : préparez un bain-marie et placez-y le Sous Vide. Réglez sur 192 F.

Placer les pommes de terre, l'huile d'olive, le sel de mer et le thym dans un sac refermable sous vide. Libérez l'air par la méthode de déplacement d'eau, scellez et plongez le sac dans le bain-marie. Cuire 1h15. Une fois le chronomètre arrêté, retirez le sachet et ne l'ouvrez pas. Mettre de côté.

Pour faire le poisson : Faire un bain-marie et y placer le Sous Vide. Réglez à 104 F. Assaisonnez l'espadon avec du sel et du poivre. Placer dans un sachet sous vide avec l'huile d'olive. Libérez l'air par la méthode de déplacement d'eau, scellez et plongez le sac dans le bain-marie. Cuire 30 minutes.

Chauffer l'huile de canola dans une poêle à feu vif. Retirez l'espadon et séchez-le avec un torchon. Jeter les jus de cuisson. Transférer l'espadon dans la poêle et cuire 30 secondes de chaque côté.

Couper en tranches et couvrir d'une pellicule plastique. Mettre de côté.

Enfin, préparez la salade : dans un saladier, ajoutez les tomates cerises, les olives, l'huile d'olive, la moutarde, le vinaigre de cidre et le sel et mélangez bien. Ajouter les pousses d'épinards. Retirez les pommes de terre et coupez-les en deux. Jeter les jus de cuisson. Garnir la salade de pommes de terre et d'espadon pour servir.